AF509525

Aurel   64491

—

Le Théâtre de la Dame

opposé au Théâtre Mufle

(Marie Lenéru)

— Rf 64491

Ext. de la Phalange
20 Dec 1913

THÉATRE DE LA DAME
OPPOSÉ AU THÉATRE MUFLE

A cet instant où le meilleur théâtre chez nous insulte à la fois à tout le public français par sa conception caduque de la femme, je cherche qui nous rendra des mœurs élégantes, par la voix de la scène. Je cherche à opposer à ce théâtre mufle (où la femme est une brebis tout cœur ou une franche gueuse), un théâtre de la vraie femme ardente et difficile, de la femme de race, je cherche et je le trouve.

Des écrivains m'ont dit qu'il existait entre Marie Lenéru et moi une fraternité de vues. Je l'ai pensé d'abord, tant le spectacle des *Affranchis* m'avait soulevée d'une espèce de triomphe. Mais je ne pense plus aujourd'hui, après lecture, qu'elle et moi nous soyons des sœurs. Marie Lenéru est une grande intellectuelle. Et je lis peu.

On ne lui a pas fait attendre, comme des grades, les épithètes franches de l'éloge : on a bien fait. Mais mon usage n'est pas de louer les œuvres déjà fêtées. Si j'écris ceci aujourd'hui, c'est que cette pièce m'est apparue tout autrement que comme un beau spectacle. Elle irrite l'esprit de mille idées pressantes qui se choquent. Elle venge la pensée d'avoir été longtemps séparée de l'amour. Elle montre qu'une pensée c'est une idée émue, c'est une idée à deux... Mais elle humilie notre espoir de voir l'esprit élever le niveau moral, elle diminue l'importance des morales et nous montre des personnages vaincus de plus près, par leurs élégances d'esprit, depuis que ce n'est plus par des principes. Il y a là un beau danger. Cela me concerne. J'accours.

Puis l'auteur a de la race et ça se voit. Nous aimons que cela se voie. On sent piaffer la douce insolence française qui n'est pas la morgue, mais l'impatience et la passion. Cette insolence est si peu la morgue qu'en revenant de l'étranger nous la reconnaissons, dès la sortie de la gare, aux lèvres de nos satanés cochers. Ils sont terribles et pas du tout méchants. Ils sont odieux, mais pas à la façon d'ailleurs, et les horreurs qu'ils disent sonnent doux à l'oreille quand on revoit le pavé de Paris. *Ils sont d'ici.* S'ils crient, c'est par orgueil blessé; on les a méconnus, on a cru qu'ils pouvaient franchir plus aisément tel tournant difficile; mais leurs injures d'écurie sentent la justice et l'orgueil d'avoir bien fait; leurs insultes ont de la race. La rue en a chez nous; c'est pourquoi je salue les *Affranchis* qui nous rendent l'intonation de race et nous retirent du ton pratique, affaireux et commode, affecté désormais par le *théâtre mufle.*

Marie Lenéru, ai-je dit, est une grande intellectuelle qui, pour méditer la vie, la place très loin d'elle et ne la rapproche de soi que pour la plier sous sa dictature. Elle est une belle ironiste de notre plus fière lignée française. Passionnée ici par ce qui va mal, par la violence du conflit, elle ne perd pas un effort à chercher d'autre solution que le malheur pour tous. Ses héros, absolus suivant leur degré de candeur, vont droit à la mort morale sans phrases, étouffés, comme tous ceux qui ne transigent pas. Mais l'action dramatique s'oppose à ce que, sans transiger, les héros épris cherchent le lien entre leur rêve et la vie, ce qui seul me passionnerait. Je me sépare donc ici de Marie Lenéru. Et Philippe, le sage moderne qu'elle nous trace, lui qui nous dit que tout être « fait ce qu'il doit faire, même quand il viole et quand il tue », ce sage-là n'ajoute rien au *fatum* antique. Il constate, il médite, il se trouble. Et de sa liberté, qu'il communique, il tire une forme nouvelle du malheur, détresse aussi tragique, aussi *matérielle* que celles qui peuplaient la tragédie grecque.

Plus que l'humanité faillible, la beauté, l'austère beauté a requis Marie Lenéru. Elle est artiste au sens autocratique du mot, disons au sens directeur et despote. Son art est noble irréductiblement, sans avoir le travers d'être olympien. Sans planer il nous mate et fait taire la vie. Il est distant. Il est bien, en réalité, environné d'espace et d'héroïque apaisement; mais cette sérénisation vient de plus loin que du silence, du silence tragique imposé à l'auteur.

Marie Lenéru fait se débattre ses héros sans se jeter au milieu d'eux. Elle n'intervient que pour les diriger. Elle est maître de son sujet. Et je veux que mon sujet soit maître de moi. Elle a l'attitude des souverains devant ses personnages, et, pour voir venir les miens, je me plie. Elle prend conseil de la mort, comme les dieux, et je voudrais n'être qu'une vivante, n'invoquant que la vie la plus sensible et la plus proche. J'ai la manie de remédier à la discorde envahissante, ce qui est vu de haut par les artistes. Marie Lenéru a le sens du dédain, et son esprit ne désavoue pas son dédain, tandis que *je n'ose plus approuver aucun de mes dédains*. Elle a foi surtout dans l'esprit pour nous consoler de la vie, et je veux que l'esprit ne serve qu'à la vie ou ne soit pas. Je veux qu'il serve à mener mieux la vie, à créer un lien plus fort entre les vivants, *je veux qu'il serve à mener mieux l'amour*.

J'ai foi dans ma journée. Je sais que, tout en donnant peu, le zèle n'est pas vain. Il sert toujours à celui qui s'est usé pour l'autre. C'est déjà quelque chose. On s'est prouvé qu'on pouvait un peu plus que vivre, qu'on pouvait déplacer même ses forces, sortir de soi au profit d'un autre être, et ça tient chaud. Je crois *qu'un dévouement n'est jamais humble*. Et Marie Lenéru laisse l'époux, laisse Philippe Alquier traiter de *chambrière* sa femme dévouée. Voyez-vous le jeune monarque en notre auteur? *Je mets parfois mon dédain à me dévouer*. Je veux que le dédain soit chaud comme le reste, et productif, et qu'il redresse les dédaignés sous l'outrage. Marie Lenéru admet le définitif dédain qui en reste à lui-même. *Le divorce est ici*. Elle et moi, nous allons donc sur deux routes bien distinctes. Je peux donc l'approuver en paix, vous ne penserez pas que j'ai servi *ma* cause.

Si j'écris ceci par un mouvement de foi et, dirai-je, de gratitude envers l'auteur, ce n'est pas, vous l'imaginez, parce que Marie Lenéru a fait une belle et inattaquable pièce, écrite dans une forme éclatante, d'un éclat sobre et plein, qui retentit en profondeur. J'aime les lettres, mais on a beaucoup dit que la pièce était belle. Et par horreur du ressassement, je verrais plutôt là une raison pour me taire.

Mais quelle joie j'ai eue à voir une femme *élever le ton du théâtre !* Que j'ai aimé oublier la sempiternelle proie de ses sens, la petite femme, cette création fausse et conventionnelle de notre scène française. Je n'ai jamais vu d'aussi « petite femme » dans la vie, mais que j'en ai vu sur les planches ! Que j'ai aimé voir aux *Affranchis* des êtres tout conscients, c'est-à-dire pleinement instinctifs. Quelle école de cancres chercha donc à nous faire croire que les conscients ne sont pas instinctifs ? Ils le sont mieux et plus à propos, voilà tout. La conscience ? mais, c'est le fruit d'un corps parfait dont les rouages se commandent et se préviennent à temps. La conscience, mais c'est tout simplement la preuve que nos instincts sont sûrs et merveilleux comme ceux des grands fauves ou comme ceux des hommes primitifs qui, en collant leur oreille à terre, entendaient à des lieues venir un cavalier. Ces hommes animaux avaient simplement des sens conscients, assez sensibles pour être conscients. Quand nos ruses nous ont fait perdre ça, n'accusons pas du moins les être clairs qui l'ont gardé ; ne les accusons pas d'être froids parce qu'ils sont conscients. Si désormais nos sens, oblitérés par nos combinaisons, n'en peuvent plus autant, n'oublions pas que c'est, là, régression de la sensibilité ou du moins obscurcissement. Cela pour dire que ce drame de conscience, que ces *Affranchis* sont avant tout un drame de l'instinct ; ils le sont d'un peu haut et d'un peu loin. Ils sont instinctifs aussi à la façon dont l'est la *dame* qui, pour s'avouer, pour se confier, *transpose les frissons en sentiments !* Ils le sont à la façon de Mme Récamier qui, dans une longue et vive correspondance avec Châteaubriand, ne dit *rien* qui puisse fixer le public quant à la nature de leurs liens. N'est-ce pas là tout l'art des lettres ? Tout dire et cependant ne *renseigner* personne, et ravir ou tourmenter son lecteur sans lui donner rien à *consigner :* c'est l'art de la dame par excellence.

Et n'est-ce pas tout l'art véritable ? Celui qui intensifie le mystère des âmes à mesure qu'il les dénude.

C'est de la dame que nous pourrons le rapprendre. C'est en interrogeant la dame, la vraie, celle qui se cache dans

toute française, que nous nous éloignons enfin de notre
affreux théâtre « mufle et rosse » que la société de Londres
et de Vienne n'a pas laissé passer.

C'est un autre ton que ces étrangers attendaient de la
France et lui redemandaient. C'est ce ton que Marie
Lenéru cherche à rendre au théâtre. C'est ce ton que d'autres écrivains femmes ont menacé, en nous peignant de
trop près leurs mentalités de harem.

Pour que nous revoyions au théâtre la sensibilité française frémissant de grâces et de tact, la dame chez nous
devra tout simplement rapprendre à la nation à vivre et à
aimer. « Quelle peine », diront nos pimbèches de lettres !
« Faut-il donc tant se fatiguer pour être heureux. Le jeu
n'en vaut pas la corvée ! » — Si, Madame, il la vaut et
vous le savez bien.

— « Bah ! peut-on dire encore, les couples d'amants se
passent bien de nous, d'être rendus plus artistes par nous. »
Que non ! Car tout d'abord ils sont notre sujet d'études.
Et ils aiment beaucoup à être étudiés. Si nous ne savions
pas, si l'art ne savait pas combien les amants sont heureux, ils le seraient beaucoup moins ! Si l'art les écoute,
ils dépendent de l'artiste, car on a grand besoin d'être écouté
et l'on tient fort à ceux qui nous écoutent. Essayez donc
de me quitter une minute, vous verrez si je tiens à vous.
Ces *Affranchis*, donc, voient à fond le beau forfait que serait
le bonheur si on l'osait. Ils le voient avec des yeux d'aigle,
ainsi que voit la pire passion.

Ils s'avouent l'un à l'autre le commandement d'être
heureux que leur dicte leur plus haute raison. Seuls de leur
rang sentimental, seuls peut-être entre les humains, ils
réaliseraient un aussi fier bonheur.

Et cependant, par une sorte de suzeraineté sombre sur
ce qui les entoure, ils s'imposent, étant les plus forts, le
sacrifice. Ils retournent, au profit de la beauté, la cynique
loi des plus forts, cette loi des voyous.

Ils semblent dire : « A ceux qui souffriront moins mal, à
ceux qui auront la force de souffrir en beauté, à eux de
souffrir davantage. »

Et par dégoût du geste avare qui prend, qui ôte à quel-
qu'un ce qu'il faut tenir des dieux, les héros de Marie

Lenéru décommandent le bonheur, la possibilité d'enchantement que leur valeur avait mise au monde.

Quand le bonheur est laid à faire, l'indication est donnée : il est pour de petites gens, laissons-le leur. Et une fois encore, le Couple supérieur, le Couple en qui j'aurais pu trouver les fameuses lois de l'accord spirituel entre les sexes, le Couple enfin humain, c'est-à-dire également conscient, également éperdu de richesses, de ressources, ce couple idéal, c'est-à-dire *tout à fait vif*, ne se *mêlera pas*.

Mais Marie Lenéru nous a montré l'accord possible, elle nous l'a montré de tout près, l'accord passionnément pensif entre la femme et l'homme. C'est en quoi elle me concerne et c'est pourquoi je la salue. Elle a élevé le ton du théâtre. Elle a élevé le ton de la femme. Elle a élevé le ton de l'amour.

Elle a pris la voix des grands ascètes du cœur. L'amour n'est encore que le songe, puisque la femme et l'homme donnent encore deux sens différents à ce mot. En cherchant un langage commun aux deux sexes, un langage qui ne déçoive plus la femme, je cherche à faire de ce songe une conquête.

Philippe incarne ce songe, le pétrit et l'anime. Elle y ajoute un charme et son parfum d'église. Un souffle encore, ils vont jeter le songe sur la vie. Mais quand il s'agit d'adapter l'amour au réel, Hélène, terrifiée de ce qu'il lui faudra briser et démolir pour fonder l'harmonie, laisse tomber ses bras et refuse la laideur de la lutte.

Marie Lenéru aura donc dit surtout ce que, pensait la gent *écrivaine* des femmes, il faut cacher comme le feu. A savoir, le découragement de la vierge, c'est-à-dire de la femme intégrale, créature encore toute métaphysique, devant l'amour actif.

Jusqu'ici au contraire, la femme, à la scène française, devait n'être mue que par ses instincts et ne montrer d'ardeur que pour les contenter. Elle devait rester la proie de ses frissons; frissons ou de derme ou de cœur, n'allant surtout jamais jusqu'à l'esprit, et jamais assez forts pour devenir pensées. Et voici qu'une femme, du pire orgueil; du plus divin, s'avise de marquer au théâtre la différence profonde entre l'instinct masculin et le féminin. Elle s'avise de

nous dire au nom du féminin que les bonheurs inventés
sans la nature, inventés le plus souvent par la femme, bonheurs de source éminemment rebelle à la vie, ne doivent
pas y prendre corps. Aucune des femmes décrites ne choisit
plus la *vie* entre les solutions qu'on lui propose, que ce soit
l'abbesse ou Sabine l'élégante, ou Marthe l'épouse, ou
Hélène l'héroïne, chacune opte nettement pour le Rêve,
c'est-à-dire pour l'ascétisme. Élection terrible et dont le
beau péril ne vous inquiète pas ni moi non plus. Car la vie
se fera bien sa place sans l'art, tandis que la beauté, elle,
a besoin de nous.

Et quand j'ai salué Marie Lenéru au départ, au départ
éclatant des *Affranchis*, quand je l'ai saluée pour ce que
j'appellerai son *satanisme de pureté*, en réaction contre la
femme au théâtre, pauvre trottin bêlant des ivresses tru-
quées, j'étais nettement fortifiée par la gloire des *Affranchis*.
Car elle fêtait une face du Féminin dont je ne pensais pas
qu'on aurait supporté l'orgueil !

Pendant que nos femmes-écrivains s'efforcent d'afficher
d'homériques défaillances et d'intraitables sensations (tout
le reste est suspect de ce qui vient des femmes; l'abandon
seul étant bien vu, ces dames en usent dans leurs livres)
tandis que la magie du Féminin s'en va, à cause de nos
facilités... affectées, voici une femme qui nous montre enfin
une pièce vraiment ardente et ardente pourquoi? Mais à
cause de la terrible discipline que s'inflige Hélène, cet être
vraiment jeune.

Elle refuse tout et le public l'aime ! Et un public français !
Crime plus grand : elle souffre de son refus, et l'on n'aime
pas chez nous ceux qui souffrent : le public l'aime encore !
Et miracle plus grand, le public ne hait pas même la religieuse qui vient consacrer le refus ! En aurions-nous assez
de l'idole toujours vaincue, nous clamant le détail de ses
ardeurs variées, mais si molles. Aurions-nous fait un pas
et serions-nous moins *primaires en amour?*

Ce triomphe des *Affranchis* sur le public reste en moi
comme un beau problème. On nous berce, vous le savez, de
cette chanson fade. « Il suffit, nous dit-on, qu'une pièce soit
belle et de visées hautes pour que le public aille ailleurs.
On nous dit que ce bon public veut s'amuser, que ce qui

ne le fait pas rire est condamné par lui. Il ne veut, dit-on, que des émotions à fleur de cœur. Il consent à larmoyer faiblement. Il n'aime pas qu'on le tracasse, le tourmente, qu'on l'entraîne aux confins du songe, aux frontières extrêmes de l'humain, ni qu'on le penche sur des gouffres. Il veut aller en paix dans la route connue entre des buissons bien battus.

Voilà le préjugé des directeurs : « Refaites-moi donc quelque chose comme le dernier succès, » semblent-ils demander aux écrivains. Au nom d'un caprice tout au plus, mais d'un caprice très vieux, ils croient devoir en rester là. Ils se méfient encore des pièces qui font penser, à moins que, de ces mêmes pièces, d'autres directeurs ne se soient fait une attitude.

Notre public français a donc grandi s'il fête une pensée fortement vécue à la scène. Oh ! ce n'est pas qu'il se cultive et ce n'est pas qu'il lise plus qu'autrefois, bien au contraire ! Mais précisément, moins il lit, plus il veut *voir* à la scène les idées qui mènent son temps. Plus il sait gré aux auteurs dramatiques de lui poser, dans le raccourci du théâtre, c'est-à-dire dans le minimum de temps pris sur son activité, les problèmes urgents de la pensée morale.

Et autant je crois peu à l'engouement des belles madames de *Femina*, pour les cours de M. Bergson, autant je crois fermement que l'élégante qui veut ajouter à son luxe un fleuron de sagesse en simulant une passion pour la pensée, je crois que cette mondaine, évidemment artificielle parce qu'elle n'a pas le temps d'un vrai désir d'esprit, révèle néanmoins l'intime et sincère désir du grand, du très grand public, désir d'avancer sur lui-même par le théâtre exaltateur, provocateur de la pensée, animateur d'idées, de songe, de beauté.

C'est à Marie Lenéru que je suis redevable de cette constatation. C'est par elle que j'ai connu tout ce qu'on peut attendre du grand public de mon pays.

On répondra : « Mais, les *Affranchis* ont eu surtout un public d'écrivains, d'artistes. » Non ! car on a joué la pièce plusieurs fois. Et, en général, trouvez-vous le public si difficile, quel qu'il soit ? Mais ailleurs, je m'étonne souvent de le voir si facile. Le public est docile, pourquoi lui jettet-on tant de croûtes? Je vous jure qu'il enfournerait tout et surtout la *beauté*. On le croyait loin de ce théâtre de l'Essentiel. Les *Affranchis* ont bien prouvé qu'il pouvait y venir d'un bond !

Et quand au public d'écrivains, pensez-vous qu'il y ait une si belle différence qu'on le croit entre le public critique et celui des bonnes gens, entre l'élite et le reste? D'ailleurs, la fameuse élite des répétitions générales a toujours avec soi des proches, des parents. Et, à la première comme à la générale, les *Affranchis* ont tout conquis.

La première fois que nous entendons une œuvre, nous sommes tous de bonnes gens, nous marchons ou nous ne marchons pas, voilà tout, fussions-nous critiques ou non. J'ai même un moyen de juger très sûr, et qui ne m'a pas encore trompée. Comme les paysans, j'aime la vie saine : se lever tôt pour avoir à soi seule tout le matin, pour être le roi du matin. J'ai donc sommeil le soir. Eh bien! je vous donne mon moyen de critique : quand je dors au théâtre, c'est qu'il n'y a pas de pièce et, quand je ne dors pas, c'est qu'il y en a une. Quand vous dormez moralement, c'est que ce n'est pas *théâtre* comme ils disent, c'est que l'action n'est pas pressée d'éclore, c'est que rien ne vous appelle, ne vous tient haletants, ne cherche devant vous *à venir à la vie*. Quand notre être n'est pas tendu vers le secret des cœurs qu'on nous dévoile, c'est qu'il n'y a pas d'action, c'est qu'il n'y a pas de pièce.

Et dame, on ne dort pas aux *Affranchis*, même si on les joue le soir, même si on les lit tout seul à minuit dans son lit.

Pour ceux de vous qui n'ont pas entendu la pièce, je dois infliger aux autres un résumé de l'œuvre, ce qui est toujours une trahison.

Aux premiers mots, d'emblée, nous pénétrons dans un orage, soulevé par l'intelligence, par la conception diverse de la vie chez plusieurs personnages. C'est la conception nettement féminine qui l'emporte; c'est celle à quoi se range tout le drame. Mais conception d'une féminité réelle exprimée pour la première fois, et non celle de nos femmes de Lettres qui se plaisent à publier leur sensibilité, dirais-je masculine, puisqu'elles ne nous révèlent jamais que leurs frissons

superficiels, immédiats comme ceux des hommes et non
ceux revenus de l'être intérieur qui distinguent le féminin.
Ces dames expriment donc, et bien à leur insu, quand elles
nous vantent leurs sens épidermiques, elles expriment donc
exactement le système sensible de l'homme et non celui de
la femme, celui que je voudrais nommer *intra-dermique*. Il
en ira ainsi pour longtemps, autant du moins que la nature
se plaira à faire l'homme... évident et la femme retenue et
secrète. Traiter de la femme autrement c'est l'inféminiser.
L'art de la femme est intérieur, ou n'est ni art, ni femme.
Sensiblement, on ne peut pas être évidente et rester femme.
La sensibilité des femmes qui ont survécu dans nos mé-
moires demeura souvent une énigme. Ne parlons pas de
Jeanne d'Arc. Mais par exemple, dans les lettres de Mme de
Sévigné, si sensible à la vie, rien ne trahit même l'amoureuse.
J'en conclus que ce qui se couvrit de silence fut donc sacré
pour elle et qu'elle fut délicieusement femme *puisqu'on
n'en a rien su*. La dame qu'elle était consentait bien à ce
qu'on se lût, sous l'éventail, les scandales de cour qu'elle
narrait à sa fille, mais ce qui put être ses sens à elle, est resté
entre elle et l'amour. Elle avait donc redouté comme le feu
ce que j'appellerai le *scandale de dire à trois* les choses
pures.

Jeanne d'Arc, et en principe les héroïnes, n'ont eu
sexuellement aucun rôle avoué. L'héroïsme à lui seul n'est-
il pas le bouquet de toutes les ardeurs?

Ce n'est pas autre chose que ce côté paradoxal, jamais
prouvé, des sens chez la vraie femme, chez la femme intégrale qu'a si cruellement tracé Pierre Louys, dans *La
Femme et le Pantin*. Il nous montre une femme trop
ardente pour se servir de la vie complaisante et lâche ainsi
qu'elle est faite, pour se servir de la vie comme elle est, de
la vie machinale et insuffisamment vivante. Il lui faut tra-
quer son sujet, le surmener d'épreuves et de douleur pour
que, de cet amoureux « qui fait l'homme », qui se conforme
aux usages des hommes, pour que, de cet automate social,
il naisse un être troublé à fond, bouleversé, changé; un être
que la peur remet dans le réel, dans le mystère du réel, dans
le mouvement de la vie. Un être qui naît et que l'effroi
rapproche de la femme.

Qui oserait croire que c'est par rosserie de fille qu'elle harasse ainsi le cœur de l'homme, du Pantin?

C'est seulement pour s'isoler en lui et sortir de la masse. C'est pour le dépouiller de la basse opinion qu'il a des femmes en général et dont il la soufflète à tout instant; c'est pour l'envelopper de peur, de cette peur authentique, atmosphère des sentiments profonds que vous *respirez dans les Affranchis*, peur qui fait le fond du lyrisme féminin et non, comme on l'a cru, du lyrisme chrétien.

La cigarière de Pierre Louys exagère donc sa pudeur pour provoquer le grand vertige et non la petite secousse chez l'homme qu'elle vise. Elle est moins sobre que les filles, *elle en veut davantage*, voilà tout. *Elle est la femme.* C'est parce que Hélène, notre *Affranchie*, elle aussi veut davantage que ne peut donner la vie, cette vie de Philippe inaugurée par d'autres épousailles, c'est parce qu'Hélène, elle aussi, est trop ardente pour la vie, qu'on l'a crue froide. Si j'évoque *La Femme et le Pantin*, c'est que, semblant aux antipodes des *Affranchis*, mais exprimant le Féminin sans l'affadir, l'exprimant cruellement comme eût fait un Goya, cette pièce trahit, comme chez Hélène, le même ascétisme brûlant des grandes passionnées, celles qui sont de l'étoffe des grandes femmes ou disons de la toute femme.

Et quand, chez Pierre Louys, le Pantin se jette sur elle pour la battre, ce qui la dénoue toute pour la joie, pensez-vous de bonne foi qu'elle revient à lui, parce qu'elle aime à recevoir des claques? Non mais, franchement, avez-vous cru ça? Le public à la scène s'y est mépris, en bon petit goret qu'il est. Mais c'est tout simplement que la femme ayant provoqué le drame, est tranquille : l'homme est enfin ému jusqu'à la mort. Il est sorti des petits gestes, il s'est troublé à fond, elle en est sûre. Elle peut se livrer : lui aussi est sorti de lui pour elle.

C'est pourquoi les grandes sensibles n'ont presque rien à faire avec la vie que des drames ou de l'héroïsme... ou de la patience : c'est ce qu'a fait Hélène.

Et Marie Lenéru nous a fait crânement une pièce de femme, où elle ose les extrêmes pudeurs du vrai lyrisme féminin. Elle y a réussi et, ce qui est plus beau, sans se faire d'ennemis hommes. C'est qu'on a bien compris que la pudeur du dire est la preuve d'ardeur, et c'est en même temps la plus élémentaire des dignités de l'art. Les poètes le savent, bien des auteurs dramatiques l'ignorent.

Ce n'est pas vrai seulement au théâtre. Mais faut-il encore dire ceci qui paraîtra aux femmes la plus plate évidence; faut-il avouer pour la millième fois (avouons-le, Marie Lenéru, soyez tranquille, on ne nous croira pas) que la pudeur, mais c'est l'ardeur masquée. Et l'ardeur se masque toujours : « Qui ne sait céler ne sait aimer », disait le code de Bertrade au cours d'amour.

« Ah ! certes, me disait Jeanne Marni, les femmes aux lèvres épaisses et sensuelles, aux narines semblant hennir de joie, sont généralement trop calmes. » Faut-il en conclure que les femmes à promesses sont celles aux lèvres serrées sur un secret trop chaud pour être dit?

Hélène est froide, nous dit-on. Mais l'effroi qu'elle montre, cette épouvante, voyez-vous pas que c'est déjà la déroute des sens chez l'être pur ? La peur est la forme haute du trouble. Et cette peur est seule intelligente, car nul de nous ne sait où mènent les grandes amours; il se peut qu'elles ne mènent pas à la vie, et qu'elles n'aient pas d'autre rôle que d'être la plus belle Idée. Les êtres purs ont donc si peu parlé qu'il faille encore dire cela?

Il n'y a pas de femmes froides, mais il y en a de stoïques. La femme froide est celle qui se garde pour l'amour.

Ne vous l'a-t-on pas dit encore que celle qui ailleurs, dans notre théâtre de mœurs, vous paraît exprimer la femme sensuelle, exprime à peine la femme aux sensibilités galvaudées, autrement dit la femme facile. Et la femme facile est une espèce d'homme qui ne peut plus rien révéler du Féminin, ce n'est plus qu'un garçon faible et sans rôle. *La femme difficile est seule femme.*

La pudeur a des formes variées. Elle prend souvent les voiles de l'ironie par effroi de se laisser lire, car la toute-pudeur est celle dont il n'est jamais question. C'est elle qui révèle la vraie femme armée de tout son secret, celle d'où naît plus de mystère à mesure qu'elle s'atteste, plus de prestige à mesure qu'on la connaît : c'est elle que montre les *Affranchis.*

Et le ton puritain de Marie Lenéru est celui d'un art

nettement féminin. Il met les récentes femmes de lettres, aux sensibilités proclamées, dans le même casier que celles de jadis, qui, ne voulant relever ni du système nerveux de la femme, ni de celui de l'homme, nous donnaient ces livres asexués, peuplés de récits étrangers à la vie, imitant ainsi l'homme quand il n'était pas bon.

Et reprenons la pièce. Donc, de plain-pied avec une autorité rare, l'auteur nous fait entrer dans le débat intellectuel qui va devenir le débat sentimental, sitôt qu'il sera senti par un être neuf; car chez l'héroïne, une jeune fille, les Idées du maître vont devenir pensées, puis passion, puis drame.

Philippe Alquier, le sage moderne venu de Nietzsche et revenu de lui, a remis en question la morale et toutes les morales. Elles sont pour lui comme d'intéressants fétiches. Il les classe et n'y songe plus, sauf pour conclure, par sa vie fort chaste et familiale, que les morales ne valent pas même la peine qu'on se fatigue à les offenser.

Il a fondé une esthétique humaine qui est notre rêve à tous : vivre en beauté; mais il ne s'explique pas, il ne se définit pas quand son disciple fervent, le Polonais Missalsky, lui demande comment il faut vivre pour vivre selon Philippe, et quelle est sa définition de l'honnête homme.

Sa réponse est une défaite? L'honnête homme, dit Philippe, mais celui qui vit conformément à l'idéal de sa race et de son temps; que nous ajoutent alors des maîtres comme Philippe? Défaite, car il nous dit un peu plus loin que « connaître et vivre sont deux choses ». Mais être pénétré de l'idéal de sa race et de son temps serait déjà connaître. Et l'on s'en pénétrerait mal sans vivre. Connaître et vivre ne seraient donc pas deux choses. Il nous faut, et de plus en plus, que connaître nous serve à vivre. Mais ce Philippe est si vivement détaché, si j'ose dire, il est tellement actif dans le non-espoir, il est un si intense négateur, qu'il séduit ceux qu'il ne réconforte pas, et voilà bien la plus active sagesse.

La sœur de sa femme, une Cistercienne, abbesse de grand style chassée de son couvent, vient habiter chez Philippe.

Chevaleresque avant tout, le maître n'admet pas même la discussion, quand, à ses cours, on lui reproche de recevoir des religieuses, après l'exécution de nos récents décrets. Moins nous avons de préjugés, plus il nous faut user de grâce tolérante.

Je veux placer ici une critique de détail, critique sentimentale bien entendu. Je ne m'en permettrais nulle autre. C'est quand Philippe dit à sa femme : « Je ne te dis pas, ma *pauvre femme*, que tu fasses les premiers pas dans la déchéance; mais, je te regardais l'autre jour, pendant la visite des Spire, eh bien! pardon ma chère, mais cette femme-là t'enfonçait. »

Voilà du réalisme, Marie Lenéru. Prenez garde! Vous tombez dans l'exactitude. Des hommes ont pu dire cela, mais pas celui de votre pièce. Votre Philippe, je le sais, est un ironiste, ce qui est sa seule faiblesse. Il sait pourtant, il sait par quelles fatigues attendrissantes se défait la grâce des femmes, des honnêtes. N'aimerait-il sa femme *qu'avec le cœur*, qu'il aimerait encore ses fatigues. Il peut la gronder de se négliger, il ne peut pas lui dire, puisqu'il est un monsieur, il ne peut pas lui dire, parlant d'une autre femme : « Cette femme-là t'enfonçait. »

Il ne le lui aurait pas dit, s'il ne l'avait pas eue, s'ils n'avaient été que des amis. Serait-ce donc en passant par lui qu'elle a déchu? Serait-ce en devenant leur chose, serait-ce donc de les avoir touchés que leurs femmes, aux yeux de ces messieurs, déméritent? Non, Marie Lenéru, Philippe, qui reçoit avec cette allure et l'Abbesse et Mme Spire, ne peut pas ainsi parler à sa femme, ou bien il ne serait qu'exact, il serait un de ces hommes sans tendresse et sans psychologie, il n'est pas, il ne serait pas votre Philippe. Attention à notre ironie, c'est elle qui souvent nous fait changer d'optique à notre insu et parfois chanter faux selon notre musique.

Mais la supérieure en question amène une novice, Hélène. Cette enfant, en qui naît une grande mystique, a mordu à la perfection; et la nouvelle existence à laquelle l'abbesse la convie, l'existence sociale, familiale, élégante, lui semble fade et défleurie. Elle lui apparaît surtout, notez cela, elle lui apparaît surtout *vulgarisée*.

La jeune fille reprend la robe mondaine et des études autres après celles du cloître. Philippe lui désigne des ouvrages divers parmi lesquels un, le plus significatif, *Par delà le bien et le mal*. Vous voyez aussitôt ce que ça peut donner dans le cœur palpitant d'une enfant défroquée d'hier. Il l'affranchit donc peu à peu de toute croyance et de tout préjugé médiocre ou élevé. L'intimité naît entre eux, celle de la pensée, plus vive et plus complète que toute autre. Cette ferveur de disciple à maître aurait peut-être pu durer toujours sans tourner à la passion, si des personnes trop inquiètes n'avaient activé, par leurs blâmes, le malheur qu'elles redoutaient. Marthe, la femme de Philippe, s'affole justement, les ayant épiés *de les trouver si purs*. Et dans une scène admirable, qu'on ne traduit pas, qu'il faut lire, à Hélène qui lui dit : « Je vous assure, Madame, que pas un mot d'espoir, jamais une parole douce ne s'est échangée entre nous », Marthe, découragée, répond : « Mais je le sais ! Est-ce que je n'aimerais pas mieux que vous soyez coupables ! Est-ce que je ne donnerais pas ma vie pour vous savoir une coquette ! Au lieu d'être là à m'écraser de je ne sais quelle fatalité, à marcher inattaquables et sûrs, vers on ne sait quel avenir, on ne sait quel événement. Et que n'a-t-il été votre amant dès le premier jour ; mais, en vérité, c'est vous qui êtes l'épouse et moi la maîtresse ! »

Quelle vaillance dans la divination, dans ce fait d'avoir vu que l'épouse de la pensée, c'est bien celle qui subit l'intime contact, tandis que la femme du corps, n'ayant que la surface inconsciente de l'être, est au plus, est à peine la maîtresse : voilà qui n'est pas si mal vu pour une épouse dévouée !

Et Marthe, violemment, insiste : « Je vous ai vus, dit-elle, je vous ai vus marcher l'un vers l'autre, c'était si simple, si violent ! (*A Hélène*) : Vous n'aurez jamais son nom, son lit, sa race, et je donnerais mon mariage, et je donnerais *mes enfants* pour échanger ces regards comme vous en avez ! » Ainsi, pour vivre un tel songe, elle échangerait donc toute sa vie vivante !

Philippe, amené par la scène à créer une *situation* là où les deux héros n'en avaient pas vue, n'en auraient peut-être jamais vue, si on les avait laissés lire, tranquilles, ensemble, Philippe donc exige d'Hélène qu'elle consente à lui offrir sa vie, car il sacrifiera pour elle son foyer. Il ne peut plus se passer d'elle, de ces longues heures de communes études, d'invasion éperdue dans l'interrogation mutuelle. Mais il faut préciser, il divorcera donc, car, dit-il superbement, car, dit-il en substance, s'il est beau d'être fidèle à son passé, il est peut-être plus urgent d'être *fidèle à son avenir*. Mais divorcer; l'horreur des gestes ici épouvante la vierge. Elle se trouble du mal à faire. Elle s'effraie de devenir un élément de désordre et de haine. Elle n'est plus qu'un enfant, qu'une proie que l'abbesse, en paraissant, va reprendre, avant presque d'avoir parlé.

Il n'y a donc pas d'affranchis; nous dépendons toujours des êtres qui vivent de notre vie, des êtres qui ne sont que nos reflets. Nous dépendons, hélas ! des plus faibles et non de ceux qui nous exalteraient. Nous demeurons les victimes promises à ceux qui défaillent à l'idée de nous perdre. Ceux qui disposeraient pour nous de l'entrain suprême nous sont à jamais interdits.

Et ces grands affranchis sont les plus belles dupes, pour peu qu'ils soient sensibles à la laideur de molester une innocente. Philippe, lui, eût passé outre; la vierge, elle, plus sensible, en a la nausée. Tous les gestes brusques ne sont pas beaux et notre tact nous interdit ceux-là. Les dieux, en tombant, n'ont donc aidé personne à être disgracieux !

Que j'aurais aimé voir pourtant ce couple vif, altier, assumant tout d'abord le crime d'être heureux; l'assumant sans une mollesse, avec des logiques de flamme et dans le vertige du droit suprême, se rangeant au commandement de joie, par une ivresse de sagesse ! Tout cela pour fléchir le plus humainement du monde dans le devoir caduc, au nom de la douceur.

Une des audaces de Marie Lenéru m'a ravie. Rompant avec ce préjugé de collège ou de régiment, qui voulait hier, que les religions soient déprimantes pour l'esprit, elle montre la vie mystique comme un progrès d'esprit sur la vie rationnelle. Elle nous montre le recueillement du cloître comme un trésor pour la pensée sensible, et le cloître comme l'asile, en nid d'aigle, du Rêve : « Nous allons vivre en bourgeoises », dit l'abbesse sortant du couvent pour aller dans la société. Elle ne dit pas, nous allons vivre en *dames*, ou mieux, en femmes. Ce beau mot, elle ne le dit pas. Par ce mot ravalant : « nous allons vivre en bourgeoises », elle montre qu'en quittant la vie recueillie du cloître, où elles étaient dames et grandes dames, pour entrer dans le monde, dans le meilleur, vaguement elles se déclassent.

En prolongeant cette admirable idée, si insolente, je vous dirai que de plus en plus, pour abriter la dame, au plein sens du mot, sans qu'elle soit encanaillée, à chaque instant, dans toute sa pensée, dans toute sa douceur, il n'est peut-être plus que le cloître pour elle. Et comme les cloîtres nous quittent, la dame, cette fleur de France, n'avait plus qu'à entrer dans l'ombre. Marie Lenéru l'en a fait sortir.

Et chez ses trois héroïnes, que ce soit Hélène, Marthe ou l'abbesse, c'est toujours la dame, l'être de race qui ne sait plus où vivre et se débat dans la trivialité de son époque. Et Marie Lenéru nous rend donc le théâtre *de la dame*.

C'est Marthe l'épouse, plus touchée par son temps, qui, d'abord, est la moins dame; mais, sitôt qu'elle a vu le regard des amants (j'entends amants dans le sens de jadis : qui cherchent l'âme), elle s'affine. Elle épouse le rêve altier qui les conduit. Elle redevient, par amour, la dame.

Toutes ici, jusqu'à Mlle Duret, la sténographe, ont de la race. C'est que nos filles du peuple en ont toutes ! Quand le monsieur chez nous perdra ça tout à fait, la dernière gamine du pavé de Paris, *celle qui travaille*, sera là pour lui rendre de la race.

Et Marie Lenéru va loin. Elle donne la préséance sur les autres, en force et en vigueur vitale, aux femmes qui souhaitent et comprennent le cloître. « Ce n'étaient pas, dit l'abbesse, les timorées et les timides qui restaient auprès de nous. Le jour où il n'y aurait plus de cloîtres pour nos filles, j'en connais dont vous seriez bien embarrassés dans le monde. »

Marthe même, la femme qu'on trahit en pensée au lieu de gagner les autres à sa cause qui est la cause de la chair, au contraire est gagnée de leur fièvre idéale et rêve d'échanger les caresses habituelles qu'elle a de son mari, contre la pensée frissonnante qu'il donne à la novice Hélène. Voilà le beau, le sublime danger de cette pièce. C'est ce qui fit dire aux gens rassis que le don de la sagesse était plus prouvé dans cette œuvre que le don de la vie. Et ici laissez-moi sourire. Les trouve-t-on si sages ces héros qui accumulent des ruines pour avoir créé à deux un tel désir? Désir tel, qu'eux et Marthe verront flétrir par lui leur goût de la vie et assombrir par eux toute jeune espérance.

Hélène voudrait bien que son beau désir soit viable, celui qu'à deux ils ont créé. Elle aurait, croyez-moi, la force de le vivre, s'il n'y avait que du courage à déployer. Ce n'est pas la vie d'ascète qui émousse le courage, au contraire! Mais elle a le dégoût de séparer des gens, de trancher des liens; c'est la tendresse qui intimide et ce n'est pas la religion. L'âme chrétienne, étant l'âme d'amour, veut unir, elle hait ce qui divise et désole.

Et puis Hélène n'est pas sûre que chez Philippe le lien conjugal n'ait laissé qu'une habitude. La vierge pressent qu'un désir, qui demeura vif longtemps, n'est pas sans laisser sa trace de songe. C'est par instinct virginal, bien plus que par éducation chrétienne, que le mari d'une autre l'épouvante. C'est que la vierge, en toute confession, est chrétienne par les sens. Une femme aurait pu, aidée par les vertiges qui allègent les crimes, une femme aurait pu trancher et séparer ce mariage ennemi de sa joie. Ne sachant pas la joie, mais seulement l'amour, une jeune fille ne le pouvait. Car l'amour veut unir, même en dehors de lui. La vierge intégrale est toujours chrétienne. Elle veut aimer, unir, illuminer les vies qu'elle traverse. Elle ne peut vouloir désordonner, diviser, désoler. Si Hélène n'eût pas été au cloître, la pièce eût été encore plus forte. Si elle est belle, c'est qu'elle peut se passer de couvent. Entre ces deux affranchis par l'âme, le bonheur n'eût cependant pas été commis par la simple opposition virginale. La seule douceur qui anime la jeune fille normale, c'est-à-dire de sensibilité chrétienne, eût tout autant entravé le bonheur que les barrières religieuses. Et si l'abbesse ne fût pas venue, à la fin, faire le dernier geste pour séparer les amants, Hélène, étant intacte d'âme, Hélène, étant simplement une vierge, l'aurait fait.

Mais l'optique du théâtre voulait des couvents, une abbesse en manteau noir pour opposer les deux Idées chrétienne et nietzschéenne.

Mais que Nietzsche fut donc ici un philosophe inutile, et le couvent un agent négligeable. Il suffisait de deux honnêtes gens de race pour aboutir au même néant.

On fait porter aux religions bien des timidités qui viennent de la chair et des régions inspirées de l'esprit. Le scrupule est né de la femme, aussitôt qu'elle fut sensible et belle. Le scrupule est né de la femme et de l'amour, et sans l'aide d'aucune religion.

Une vierge grecque ici eût fait le même geste qui renonce. La virginité n'est pas une illusion. Elle a dans la pensée sa trace de clarté, lumière unique et qu'un autre âge ne voit pas. Et c'est sans doute par une lueur suprême, partie de plus haut, que les clartés amoureuses, qu'Hélène, la petite dame hautaine de couvent qui, en pensée, méprise le geste, refuse pourtant, à l'instant suprême, par instinct féminin, de trancher ce qu'unit le geste conjugal.

Sans doute perçoit-elle sans le savoir que, dans l'habitude même de possession, tout le mystère et l'inconnu peuvent être placés ou replacés soudain sous l'empire du drame.

Ne désespérons pas de l'intellect d'une épouse jolie qui sut être longtemps fidèle. Il faut tant d'esprit à la femme dans l'entretien galant presque ininterrompu que les hommes ont avec elle! Il lui faut tant de verve déjà pour esquiver l'invite malsonnante, la proposition déplacée. Et pour ensuite, quand on n'a pu l'éviter, se faire pardonner un refus permanent et qui n'en doit jamais avoir la forme. Une jolie femme vraiment honnête est bien artiste. Elle est donc capable de beaucoup de beauté. Et le défaut de la sagesse de Philippe, c'est de n'avoir pas tourné cette beauté de Marthe vers la pensée, c'est de n'avoir pas fait de sa femme un disciple, c'est de n'avoir pas, *avant tout*, parlé pour sa femme.

Et cette épouse pas sotte, mais *habituée*, cette Marthe enfin éveillée par la menace de la rupture, elle aussi ne peut-elle pas devenir et l'interrogatrice et la vivante? Et Hélène, l'enfant toute sensible, n'a-t-elle pas senti tout l'avenir des chances qu'elle aurait déplacées en prenant ce mari?

Et qui prouve à Hélène que, si elle était venue la première dans la vie d'Alquier, elle aussi ne se serait pas *habituée*, qui prouve qu'elle lui aurait encore parlé?

C'est la parole qui lie. Les époux qui ne se parlent plus que pour le nécessaire et non pour échanger l'esprit, les époux qui ne parlent plus se démarient. Amants unis par la parole, ils se sont élancés follement l'un vers l'autre. Réunis d'abord facilement par le corps, se fussent-ils aimés? Rien et rien ne le prouve, et la vierge le sait, si le sage l'oublie. Rien ne prouve non plus que les solutions paisibles soient les plus médiocres. Et même je ne crois pas du tout au bonheur nietzschéen, tant que vivra la douceur féminine, qui pourrait bien vivre autant que la femme. Et je ne pense pas qu'une civilisation avancée aurait lieu de se louer d'un bonheur nietzschéen. Comme il serait tronqué! ne pouvant que la crise et non pas la continuité de joie, il resterait barbare. Le bonheur permanent fut un mot religieux. Mais la femme fut religieuse avant les religions. Elle rendit donc le bonheur possible, aussitôt qu'elle s'avança vers l'homme en tenant l'amour par la main.

Tant que pour former le bonheur il faudra inviter la femme, je ne croirai pas au bonheur nietzschéen. Je crois à l'élan, à la fièvre de force née de Nietzsche. Je ne les crois pas transposables dans le bonheur vécu, s'ils sont transposables dans le bonheur rêvé.

Si Nietzsche est bon à nos mœurs, c'est que le bonheur ne l'est plus. C'est que le bonheur fut une aimable paresse, dont un temps plus fort pourra se passer.

Et pas longtemps. Le vrai bonheur est doux. Il est modeste devant la vie. L'héroïsme l'étouffe, l'héroïsme égoïste et solitaire. L'amour peut être nietzschéen, ivre d'irréalisation, mais le bonheur, jamais. L'amour de ces héros fut nietzschéen peut-être, et c'est pourquoi ils n'osèrent pas le bonheur, cet héroïsme à deux qui fut, lui, mystique et cependant viable.

« Et l'amour seul n'appelle pas l'amour », nous dit superbement Hélène. Ce qui surtout l'appelle, c'est la candeur mutuelle, reformée par l'âme claire d'une femme. Et voici que ce négateur des religions, ce sage moderne et artiste désire la femme, dit Marie Lenéru, de tout son cœur conquis par la chrétienne. Car la chrétienne est la femme par excellence avec sa douceur et son prestige lyrique, sa vie distante et son secret. La païenne, en nos visions, reste trop près de la femme facile pour symboliser la femme. Et l'antiquité, je l'ai montré dans mon livre du *Couple*, avait des femmes chrétiennes, précédant par la sensibilité le Christ, et peu à peu *nécessitant le Christ*.

Car il y eut de tous temps des chrétiennes par la sensibilité. *Il n'y eut pas de tous temps des chrétiens par la sensibilité.* C'est la solitude morale de la femme, c'est le dévouement féminin, le dévouement par goût de beauté et par *joie* qui voulaient aussi leur formule. Le Christ est venu la donner. Ce sont les femmes aimées sans échange de songe, ce sont les femmes abandonnées dans leur esprit qui ont appelé le Christ à la vie, qui l'ont supplié de naître.

Si, chez les Grecs, Alceste n'avait pas été infiniment supérieure à l'amour, elle n'aurait jamais voulu sauver Admête qui, lui, n'égalait pas même l'amour. Elle n'aurait jamais voulu sauver ce mari lamentable qui permit que sa femme mourût pour lui. Car enfin, quel triste sire allait-elle conserver là? Mais elle voulait être belle infiniment plus qu'*elle n'aimait*. Elle visait la beauté par-dessus l'amour. La vraie femme est plus grande que l'amour. Elle voulait laisser l'image d'une grâce éternelle à force d'être belle. Et, chrétienne par avance, elle savait que le geste qui donne aura toujours un autre style que le geste qui prend, je le regrette bien pour Nietzsche! Elle avait donné pour être belle à jamais. Elle méritait donc ce témoin idéal appelé de tous temps, par la grandeur solitaire des femmes, un dieu qui signifiât la majesté du Don. Il vint plus tard : ce fut Jésus. Si l'épouse grecque sut se dévouer sans amour, comment donc imputer au christianisme, ici, le renoncement d'une enfant?

Hélène aimait Philippe. C'est donc tout ce qu'elle pouvait pour lui. Les grandes amours sont sans preuves. Que les petits bonheurs se *vivent*. Dévorons nos petits bonheurs et tâchons qu'ils grandissent, car il se peut que ces terribles grands bonheurs n'aient rien du tout à nous dire à l'oreille.

« Sommes-nous des lâches ou des héros », se disent ces deux-là qui ont peur du bonheur. Ils ne sont ni l'un ni l'autre. Ils sont nés pour cette belle souffrance qui leur fait toucher les sommets de leur pensée.

Ils ont créé un tel désir, qu'unis ou séparés, le plus vif de leur être y vivra constamment et s'y absorbera. Que pouvons-nous construire de plus sûr, de plus constant qu'un beau désir? Nés pour monter, pour avancer constamment sur soi-même et pour mettre au monde l'image d'un couple insigne, ils ont joué leur rôle. Comment se seraient-ils fixés dans le bonheur possible, dans le grimaçant bonheur fait de joies bassement arrachées à l'épouse? Aux forçats de la beauté, ces gestes-là sont interdits.

Aussi ne mettrons-nous jamais assez haut ce théâtre, celui de la *dame* qui met obstacle au geste laid, fût-il fort, fût-il productif. Les produits de la laideur sont suspects.

« Il n'est pas si facile qu'on le croit de se perdre », fait dire admirablement l'auteur à Sabine, une élégante et du corps et de l'âme. « Je me suis toujours trouvée, dit la dame, en face d'une si forte raison de surseoir.... » J'ajoute: qu'elle ne s'est pas perdue. Et c'est le cas d'Hélène et de Philippe. Que l'obstacle soit dans l'illusion virginale ou chrétienne (c'est la même), l'obstacle c'est l'être pur qu'est toute femme ardente et difficile.

Et s'il fallait tirer de ce drame un précepte, en tirer un quand même et malgré Marie Lenéru, qui n'en veut pas, puisqu'elle veut seulement l'art pour l'art, je vous dirais ceci pour vos enfants à venir, car vous évidemment, lecteurs, vous savez tout, je vous dirais :

Quand le bonheur est laid à faire, c'est que le sacrifice en sera beau.

AUREL

www.ingramcontent.com/pod-product-compliance
Lightning Source LLC
LaVergne TN
LVHW012121170726
843501LV00008BC/2953